L'AGENCE SAINT-YVES

RÉPONSE A LA BROCHURE

LE COMTE ROBERT-DE MONTESSON

PAR

GUILLAUME LAUNAY

—

Prix : 50 centimes

—

PARIS ET LE MANS

CHEZ LES PRINCIPAUX LIBRAIRES

—

1889

L'AGENCE SAINT-YVES

RÉPONSE A LA BROCHURE :

LE COMTE ROBERT DE MONTESSON

PAR

GUILLAUME LAUNAY

Prix : 50 centimes

PARIS ET LE MANS

CHEZ LES PRINCIPAUX LIBRAIRES

1889

L'AGENCE SAINT-YVES

RÉPONSE A LA BROCHURE :

LE COMTE ROBERT DE MONTESSON

Le hasard a voulu que j'eusse, sous les yeux, un petit pamphlet, ignoble de forme matérielle, ignoble de forme littéraire, *sans nom d'imprimeur*, et qui prend, à Alphonse Daudet, l'un de ses titres, pour le mettre sur sa couverture : « *La lutte pour la vie.* »

Que le lecteur se tranquillise : on n'a pris à Daudet que son titre, on n'a pas pris son talent.

J'aurais brûlé cette ordure, sans même la lire, entre les deux bouts de mes pincettes, si je n'avais aperçu, comme sous-titre, en toutes lettres : « *Le comte Robert de Montesson.* »

Je n'ai pas l'honneur de connaître M. le

comte Robert de Montesson. Je n'ai pas
l'honneur de connaître Madame la comtesse
de Montesson. Mais, comme une profonde
et respectueuse affection me lie à des per-
sonnes de leur famille, ce nom de Montesson, ainsi étalé publiquement, en tête d'une
brochure, m'a ému et m'a poussé à lire ce
factum.

Je savais bien que Bruxelles avait la
spécialité d'éditer les infamies, mais je ne
croyais pas que Paris fût, à ce point, la
rivale de Bruxelles : — *La lutte pour la
vie* est partie de Paris.

Il y a quelques années, un agent d'affaires
véreux, s'était cramponné après Madame
Clovis Hugues. Il l'avait poursuivie de toutes
les façons — les plus sales du monde, natu-
rellement — pour la faire chanter.

Madame Clovis Hugues, au lieu de don-
ner les billets de banque qu'on espérait
d'elle, envoya une balle de revolver, dans la
tête de l'agent d'affaires et le tua sur le coup.
C'était la meilleure réponse qu'elle pût faire
au misérable, payé pour troubler son repos.

A la suite de cette mort violente, les agents
d'affaires s'étaient tenus tranquilles.

Ils tremblaient pour leur peau.

Si les femmes se mêlaient de les solder avec une pareille monnaie, que leur feraient les hommes?

Mais petit à petit, les craintes de ces chevaliers d'industrie qui tiennent, parfois, du souteneur et de l'assassin — témoin Michel Eyraud — les craintes se dissipèrent, et ces honnêtes gens reprirent leur *petit commerce.*

J.-A. Saint-Yves est de ceux-là.

Il est loin d'être amusant de barbouiller de leurs déjections, les individus, sans aveu, qui vivent de la prostitution de leur femme ou de la prostitution de leur plume.

Les deux ignominies se valent.

Et je regrette qu'il n'existe plus, comme en plein Moyen-Âge, la place du Pilori, et le pilori effectif, avec son bourreau rouge et ses archers noirs, pour marquer, en plein front, au fer chaud, les êtres qui osent se livrer à ces deux trafics.

Combien Saint-Yves, par exemple, a-t-il pu toucher, pour prix de son élucubration ? Peut-être deux mille francs, s'il avait encore un chapeau haut de forme crasseux, une redingote à moitié usée, un faux-col en papier, un petit pain et un bout de saucisson dans sa poche. Peut-être n'a-t-il touché que quarante sous, s'il n'avait pas dîné depuis deux jours.

Pauvre diable, pitoyable bien que bandit, je pencherais à croire qu'il a commis cette saleté, parce qu'il avait faim !

Et franchement, le fond et la forme prouveraient que l'auteur — si on peut appeler ça, un auteur — était atteint d'une boulimie féroce, en se livrant à son imagination enfiévrée.

Cet homme qui parle de la lutte pour la vie, doit connaître cette lutte mieux que personne. Il donne un échantillon de ce qu'il sait faire, pour la soutenir. Et, comme malpropreté — seulement — cet échantillon est assez bien réussi.

Ni fond, ni forme, c'est bien le cas de le dire. Car, il n'y a pas de danger, allez, que la forme emporte le fond. Saint-Yves n'est pas le *vir bonus dicendi peritus*.

L'agent d'affaires qui a écrit les douze pages in-16 que comporte sa *Lutte pour la vie*, n'a idée ni des procédés de style, ni des antithèses, ni des rapprochements, ni des règles élémentaires de la langue française. Même pas de l'auvergnat pur !

Cette dernière constatation me ferait croire que Saint-Yves est un juif prussien. Il n'écrit bien que l'allemand de Bismarck et ne soupçonne pas Drumont.

Un charcutier, las d'égorger des porcs, pour son étal, et voulant rompre, un peu, la monotonie de cet égorgement à jet continu, se mêlerait d'écrire ses impressions intimes, même dans le format in-16, qu'il produirait une meilleure cochonnerie.

Saint-Yves a des phrases de cette force :

« Et d'abord, je défie à Monsieur le comte « de Montesson de nier. »

Je défie à est un affreux solécisme. Pour que la phrase fût correcte, il faudrait : « Je « défie Monsieur le comte de Montesson de « nier. »

Ce qu'il y a de plus joli, c'est que cette phrase est la dernière du pamphlet. Et cette phrase qui veut être Rochefort pur, oignon de Hollande, chant du cygne, n'est que le cri suraigu du dindon.

Après tout, il est possible, qu'en écrivant ce *final*, Saint-Yves eût une vague appréhension — quelque chose comme un *senti-*

ment, disait La Bruyère, au XVIIe siècle —
d'une botte, fortement appliquée au triste
derrière de son triste individu.

Ce qui intéresse Saint-Yves, c'est M. le
comte Robert de Montesson. Mais, au lieu
de prendre son sujet, dans le vif, à pleins
poings, cet auteur de rencontre remonte au
déluge, à Madame la marquise de Montesson, femme morganatique de M. le duc
d'Orléans.

Saint-Yves dit des infamies de cette marquise de Montesson qui avait sur lui, pauvre
hère, le double avantage d'un esprit fin et
d'une éclatante beauté.

Ce gribouilleur veut en faire la maîtresse
du duc d'Orléans. Ayant la manie de vou-
loir tout salir, il veut aussi salir les femmes.

D'ailleurs, n'ayant jamais fréquenté, en
fait de femmes, que des filles de trottoirs ou
de brasseries — Grilles d'Egoûts — il se figure
que toutes les autres femmes sont de même.

En attendant, l'histoire nous apprend que
Madame la marquise de Montesson était
bien la femme de M. le duc d'Orléans.

Et cette femme *légitime* abusait si bien
d'une situation qui devait lui attirer beau-

coup d'ennemies et peu d'amies, qu'elle avait prêté, à son *mari*, des sommes considérables et tous ses bijoux. Ducoin, dans son *Essai sur la Révolution*, nous apprend ces détails. Et M. le comte de Gastynes possède, entre ses mains, deux lettres autographes de M. le duc d'Orléans, dans lesquelles celui-ci se reconnaît débiteur, vis-à-vis de sa femme, Madame la marquise de Montesson.

Passez à la Bibliothèque, Saint-Yves. Vous trouverez, là, des documents qui rectifieront une énonciation sinon ridicule, tout au moins grotesque.

Le fait est — puisque nous parlons femmes — que le plus cocasse, dans la brochure Saint-Yves, c'est la façon dont il comprend la galanterie, — la vraie, celle qui est bien française.

Ce *talon rouge* qui a pris la défense de Madame la comtesse Robert de Montesson, contre son mari, ose en parler, comme le dernier des chiffonniers ne voudrait pas parler de la dernière des portières.

Il la représente serrée, avare, tout juste intelligente et surtout — comble de l'élégance et du savoir-vivre — il pense qu'elle cherche des consolations.

C'est égal, si par le plus grand des hasards, Madame la comtesse Robert de Montesson avait chargé de la défense de ses intérêts le sieur Saint-Yves, elle doit regretter, amèrement, le choix qu'elle a fait.

Aussi, en voyant les procédés de ce Richelieu nouvelle manière, je suis convaincu que tout a été fait en dehors d'elle, et que la comtesse en est encore à apprendre le vilain tour qu'on lui a joué.

Quel pavé de l'ours on vous jette, Madame, et combien je vous plains !

Que diriez-vous du monsieur chargé de défendre la fille et qui attaque odieusement le père ?

Vous le traiteriez de polisson.

Eh bien ! vous pouvez envoyer l'épithète à Saint-Yves. Ce triste lutteur pour la vie, cet hercule de foire, sans biceps, n'ayant pas des masses d'arguments dans son sac, en est réduit à écrire que si M. le comte Robert de Montesson a épousé sa femme, c'est que le père de la comtesse avait hâte de se débarrasser d'elle. Rien que cette pensée, qui ne hantera jamais le cerveau d'un honnête homme, juge et la valeur de l'œuvre et la moralité de l'écrivain.

Après des choses pareilles, on ne discute plus. On se contente de hausser les épaules et de passer.

Toutefois, avant de passer, il faut apprendre au singulier défenseur de Madame la comtesse Robert de Montesson, — défenseur qui ne peut pas écrire dix lignes, sans insulter sa cliente — que Madame la comtesse de Montesson a été très recherchée en mariage et qu'elle a été à même de partis autrement avantageux que... celui de Saint-Yves, par exemple.

La Sarthe et la Mayenne s'en souviennent encore.

Et le père de Madame Robert de Montesson aurait jeté, à la tête du comte, sa fille, uniquement parce que celui-ci était *malingre* et d'un *esprit borné.*

Gentil, tout de même, le Saint-Yves, et pour sa cliente et pour le père de sa cliente !

Malingre, M. le comte Robert de Montesson ?

C'est un homme grand et vigoureux.

Esprit borné ?

Il a fait toutes ses études. Il a passé les examens de Saint-Cyr, et il a été refusé, pour avoir prêté sa composition à un camarade.

Je crois que le père de Madame Robert de Montesson était enchanté du mariage : la famille de Montesson est très illustre et très ancienne, et le comte était aussi riche que sa fille.

M. le vicomte de Charnacé est bien, d'ailleurs, l'homme le plus honorable et le plus loyal qui se puisse imaginer. Sa fille avait 24 ans, lorsqu'il consentit à son mariage.

Mon pauvre Saint-Yves, — car vous faites plus pitié qu'autre chose — vous voyez qu'il était bien inutile d'insulter votre cliente, dans ce qu'elle a de plus cher au monde : l'affection et l'honneur de son père.

La défense, — comme on dit au Palais — n'avait pas besoin de ce moyen.

Il est vrai que c'est un moyen de rôdeur de barrière !

La brochure de cet homme prouve qu'il ne sait pas tenir une plume. Or, l'homme qui ignore le maniement de la plume, a bien des chances d'ignorer le maniement de l'épée : ces *bessonnes*, écriraient les Vendéens.

Le coup de poing américain, par derrière, au détour de la rue, au coin du bouge, voilà sa spécialité.

C'est un cuistre, et c'est pourquoi il a une collection d'huîtres perlières en réserve. Ouvrons-en une, pour sertir la perle que voici :

M. le comte Robert de Montesson *bat* sa femme. M. le comte de Montesson *assassine* sa femme.

Ces choses-là tombent d'elles-mêmes. Tous ceux qui connaissent M. le comte Robert de Montesson ; tous ceux qui connaissent la famille de Montesson savent que ce n'est point là où l'on voit les hommes battre les femmes.

Si M. le comte Robert de Montesson a commis des légèretés, il est resté fidèle aux traditions de la vieille France et de la vieille noblesse : plutôt la mort que de lever la main sur une femme, *potius mori quam fœdari.*

Cette fin d'une œuvre ignoble montre que Saint-Yves n'a jamais approché — même de loin — ce que l'on est convenu d'appeler la bonne société. Autrement, il n'eût pas risqué une pareille invraisemblance. L'auteur a eu très grand tort, avant de livrer à sa petite imprimerie personnelle, sa petite ordure, de ne pas la faire lire à quelqu'un de sensé. Il se fût évité bien des inconséquences, et notamment de livrer, au grand jour, son travail de cabinet.

La lutte pour la vie raconte, au long, la scène suivante, dans un style tout particulier. Ce style est de l'homme même, dirait Buffon.

Le comte de Montesson est au Continental, dans la chambre de sa femme. Il est armé d'un couteau à découper — quel singulier choix ! Ceci est la meilleure preuve de l'invention de Saint-Yves : cuistre et charcutier, le couteau à découper occupe toujours son cerveau — et cherche à frapper la comtesse. Mais les domestiques se précipitent, — parbleu ! il faut être bien bête, pour assassiner au Continental, quand on ne veut pas être dérangé — la comtesse se tient droite et refuse de parler. Quant au comte, il remet, sournoisement, son couteau à découper — mon Dieu, quelle arme pour un gentilhomme ! — dans sa poche, en disant : « Ce sera pour une autre fois ! »

Et en avant, la musique : Saint-Yves se

livre, sur ce thème, à des variations extraor-
dinaires.

Et le pauvre se figure que les lecteurs de
la triste *machine* qu'il est obligé d'envoyer
gratis, pour la faire lire, vont croire une
pareille charge !

Que vous êtes adroit, Saint-Yves, et que
vous défendez bien vos clients !

J'irai vous chercher, à dix sous de l'heure,
quand l'envie me prendra de faire suivre
ma femme.

L'assassinat au Continental constitue la
partie comique du chef-d'œuvre : *Le comte
Robert de Montesson.*

A côté, il y a la partie mensongère.

On y dit que M. le comte Robert de Montesson s'associa, avec un cousin de Madame
R. de Montesson, pour la faire déshériter
par son oncle.

On ne saisit pas bien l'intérêt de M. R. de
Montesson à faire déshériter sa femme. A
première vue, et dans l'habitude des choses,
il semblerait, au contraire, que le comte eût
intérêt à ce que sa femme héritât.

Mais, passons. L'oncle n'était point un
homme à se laisser influencer, par des intri-

gues plus ou moins adroites. Son caractère de prêtre le défend de cette imputation calomnieuse.

La vérité est que l'oncle de Madame R. de Montesson, qui ne voulait pas que sa fortune passât en d'autres mains que celles de sa famille, — puisque Madame R. de Montesson n'avait pas d'enfants — donna tout à son neveu, mais en laissant des jouissances à Madame R. de Montesson, sa nièce.

Quoi de plus simple et de plus juste ?

Je suis obligé de demander humblement pardon au lecteur de l'avoir promené parmi toutes ces turpitudes.

Je lui en ai épargné qui étaient par trop fortes.

Je me demande même comment l'auteur a pu se résigner à laisser sa plume écrire de pareilles infamies. C'est la condamnation la plus irrémédiable de l'homme et de l'œuvre.

Au fond, c'est peut-être une bonne chose — *felix culpa* — parce que cette brochure qui veut perdre un homme publiquement, pour des faits de la vie privée, dépasse tellement le but, est si mal coordonnée, si étrangement bâtie, si ordurière qu'il n'en reste rien que du dégoût pour Saint-Yves.

Il est des gens qui ont ce singulier talent de dégoûter d'eux, par leur façon d'écrire, leurs amis et leurs ennemis.

Dégoût, voilà la résultante de *La lutte pour la vie*.

Et je me trompais quand je disais que Saint-Yves ignorait les procédés de style.

Il en a un : il procède par le dégoût.

Je ne puis comprendre toutefois, que l'on tolère des gens qui osent se charger de pareilles besognes : essayer de salir une famille, pour quelques sous. Car l'être qui a signé : *La Lutte pour la vie* est un de ces *condottieri* de plume qui écriraient, pour cinq francs, que leur père est digne du bagne et, pour dix francs, que leur mère est une prostituée.

Jadis les auteurs d'écrits clandestins — comme *La lutte pour la vie, imprimée en chambre* — étaient punis de telle sorte qu'il n'y revenaient jamais. Il serait bon qu'on reprît, de nos jours, ces lois salutaires. La liberté de la presse n'est ni la prostitution de la presse, ni la vénalité des plumes.

Il faut que le Gouvernement fasse savoir à tous les citoyens que l'on peut émettre des idées, mais qu'on ne peut pas insulter, diffamer, calomnier à tant la ligne.

Et si le Gouvernement, qui représente la collectivité des citoyens, et pas autre chose, ne se sent pas assez de nerf, pour faire respecter ce qui est le droit individuel et la vie privée ; alors, il appartiendra à chaque individu de se retourner sur le souteneur stipendié qui s'attache à ses pas, et de lui casser la tête.

Ainsi fit Madame Clovis Hugues.

Et je DÉFIE A Monsieur Saint-Yves lui-même — pour lui emprunter ce qu'il a de moins mal : un solécisme, qui n'insulte que la langue française, laquelle en a vu bien d'autres — de blâmer Madame Clovis Hugues !

Le Mans. — Imprimerie Albert Dromin. — Déc. 89.

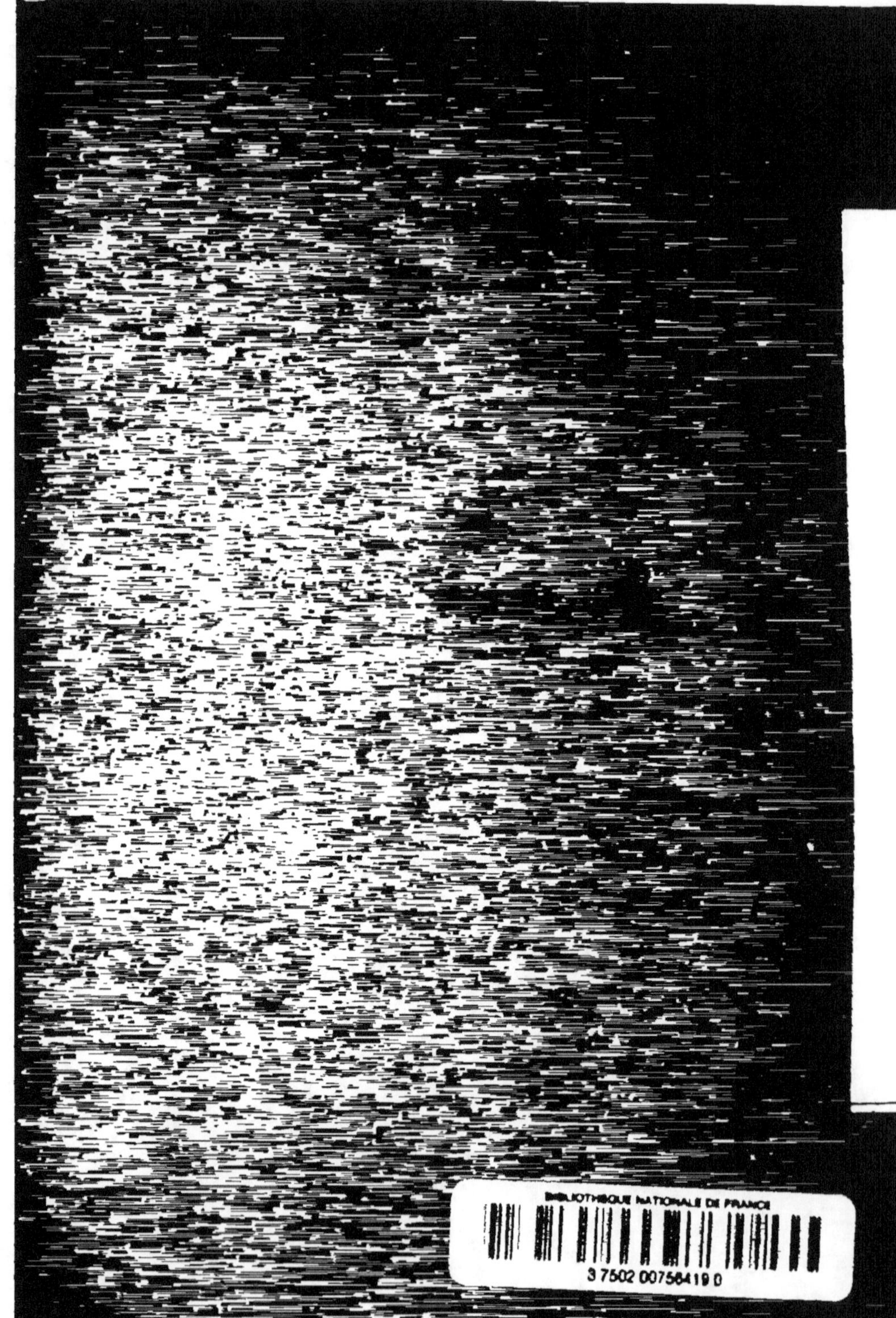